Marseille 28 Novembre 1905

Hôtel des Ventes

Rue Grignan, 53

Marseille

Collection

Paul Martin

Commissaire-Priseur

Mᵉ Paul GARCIN

Expert

M. Ch. DALBON

CATALOGUE

DE

Tableaux Modernes et Anciens

AQUARELLES ET DESSINS

MEUBLES ANCIENS

Glaces, Pendules, Bronzes d'Ameublement des XVIᵉ, XVII et XVIIIᵉ Siècles

TAPISSERIES D'AUBUSSON

Etoffes, Toiles de Gênes, Tapis d'Orient, Cuirs de Cordoue

ARMES ANCIENNES

Faïences, Porcelaines, Verreries

Bronzes, Fers, Bois sculptés, Bibelots divers

COMPOSANT

La Collection P. MARTIN

Dont la Vente, après décès, aura lieu à Marseille

HOTEL DES COMMISSAIRES-PRISEURS, Rue Grignan, 53

Le Mardi 28 Novembre 1905 et jours suivants, à 3 heures

PAR LE MINISTÈRE DE

Mᵉ GARCIN, Commissaire-Priseur

ASSISTÉ DE

M. Ch. DALBON, expert, Rue Sainte, 44

EXPOSITIONS

PARTICULIÈRE	PUBLIQUE
Le Dimanche 26 Novembre	**Le Lundi 27 Novembre**

Le Matin, de 9 h. à Midi ; le Soir, de 2 h. à 6 h., et le Matin des Jours de Vente

CONDITIONS DE LA VENTE

Elle sera faite expressément au comptant.

Les acquéreurs paieront six pour cent en sus du prix d'adjudication.

L'exposition mettant le public à même de se rendre compte de l'état et de la nature des objets, il ne sera admis aucune réclamation une fois l'adjudication prononcée.

NOTA. — L'expert se réserve la faculté de diviser les lots ou de les rassembler.

L'ordre numérique du Catalogue ne sera pas suivi.

ORDRE DES VACATIONS

Le Mardi 28 Novembre

MEUBLES, GLACES, PENDULES

Le Mercredi 29 Novembre

BRONZES D'AMEUBLEMENT, EMAUX, BRONZES, BIBELOTS DIVERS
INSTRUMENTS DE MUSIQUE

Le Jeudi 30 Novembre

BRONZES MODERNES, ARMURES, ARMES

Le Vendredi 1 Décembre

FAÏENCES, PORCELAINES, VERRERIES

Samedi 2 Décembre

TAPISSERIES, ETOFFES DIVERSES, CUIRS DE CORDOUE, TAPIS D'ORIENT

Le Lundi 4 Décembre

TABLEAUX MODERNES ET ANCIENS

NOTA. — Les œuvres de Paul Martin : aquarelles, études, croquis, faisant l'objet d'un catalogue spécial, seront vendues, après une exposition préliminaire, le vendredi 8 décembre.

PRÉFACE

Paul Martin, dont nous sommes chargé aujour-
d'hui de disperser les collections, fut un aquarel-
liste distingué dont il n'est nullement besoin ici de
faire l'éloge. D'autres que nous ont pris ce soin,
et mieux que nous n'aurions su le faire ; il est donc
inutile d'y revenir, d'ailleurs la piété filiale a, en
ces derniers temps, rassemblé en un opuscule les
divers articles bibliographiques écrits sur un père
vénéré et regretté. — Nous rappellerons en pas-
sant, qu'il fut un critique érudit et impartial, à
la plume concise et élégante, et aussi — ce que
beaucoup ignorent — un spirituel conteur provençal, dont les amoureux de l'idiome pittoresque et
imagé de notre terroir ont pu apprécier toute la
saveur.

C'est donc seulement, comme initiateur de ses
compatriotes aux œuvres des maîtres peintres de

son époque, que nous en dirons quelques mots avant de décrire ou énumérer les toiles et les bibelots formant les collections dont il s'était entouré.

✳✳✳

Initiateur ! c'est, à notre avis, en dehors de son talent d'artiste, un des meilleurs titres de gloire de Paul Martin.

Vers 1855, il fut, à Marseille, le propagateur ardent des œuvres de Delacroix, Rousseau, Corot, Daubigny, Diaz, Troyon, Ziem, etc., artistes dont on discutait alors le talent et le mérite. Ainsi que le dit un de ses biographes, M. l'abbé Richaud : « *Paul Martin se fit leur vulgarisateur, et chacun sait, maintenant, si son coup d'œil fut pénétrant et juste. Les amateurs qui, sans trop de conviction, mais influencés par son enthousiasme, s'étaient décidés à acquérir, à des prix dérisoires, du reste, quelques œuvres de ces peintres, réalisaient, plus tard, d'invraisemblables bénéfices.* »

L'enthousiasme de Paul Martin pour ces artistes, instinctivement, l'avait poussé à faire le commerce de leurs œuvres ; il était devenu, en la matière, un expert probe et délicat, car ainsi que le dit encore

le biographe cité plus haut : « *Jamais, même
dans l'espoir d'un gain considérable, il n'eût
consenti à patronner un art inférieur ; même
au sein des affaires, il restait fidèle au culte du
beau et le plaçait au-dessus de l'intérêt.* »

Nombreuses sont les collections marseillaises
formées par lui, et dont certaines toiles sont consi-
dérées comme les chefs-d'œuvre de ces maîtres
qu'il affectionnait. Mais si le côté matériel de la
lutte pour la vie absorbait une partie de son exis-
tence, en ce métier si difficile, où, devant la fatuité
de certains, tant de consciences sombrent, il n'en
resta pas moins un artiste, c'est-à-dire, un hon-
nête homme !

Qui ne se rappelle aussi, à Marseille, les magni-
fiques expositions de la période de grandeur du
Cercle Artistique et notamment celle de 1882, qui
inaugura la salle de la rue Arményy, dont Paul
Martin fut, en quelque sorte, la cheville ouvrière,
et dont lui-même a fixé le souvenir en un volume
que possèdent toutes les bibliothèques d'art.

Ce fut un vrai régal des yeux qu'il offrit à ses
compatriotes, car là, à côté de nos artistes locaux,
figurèrent des œuvres importantes des maîtres
— victorieux alors — composant cette éblouissante

pléiade de coloristes, formidable poussée artistique dont les derniers représentants disparaissent peu à peu, et dont les productions sont couvertes d'or aujourd'hui.

✸✸✸

Comme on le voit, Paul Martin a tenu largement sa place dans le mouvement et la diffusion de l'art pictural de son époque, à Marseille. Il était de notre devoir de rendre un public hommage aux qualités artistiques et commerciales de notre devancier dans la carrière et de les retracer en quelques lignes. Nous avons fait de notre mieux pour cela. Etienne Martin, son fils et notre ami, ceux qui vécurent dans son intimité et qui purent l'apprécier, nous excuseront si nous n'avons pas été à la hauteur de notre tâche.

Ch. DALBON.

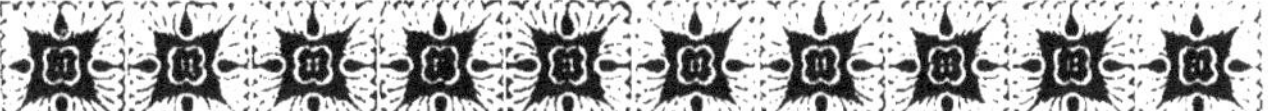

DÉSIGNATION

TABLEAUX MODERNES

AIGUIER (Auguste)

1 — *Le Bas-Fort Saint-Nicolas.*

> Carton. Haut., 20 cent.; larg., 15 cent.

2 — *L'Anse de la Réserve.*

> Matinée calme, d'une très jolie tonalité.
>
> Carton. Haut., 11 cent.; larg., 19 cent.

3 — *Rochers du Pharo.*

> Carton. Haut., 29 cent.; larg., 29 cent.

4 — *Coup de Mistral.*

> Carton. Haut., 14 cent.; larg., 21 cent.

5 — *Etude à Saint-Mandrier.*

> Carton. Haut., 15 cent.; larg., 23 cent.

BIARD (François)

6 — *Sauvages américains en pirogue.*

> Toile. Haut., 43 cent.; larg., 58 cent.

CÉSAR DE COOCK

7 — *Matinée de Printemps.*

> Le soleil, éclatant au milieu de la frondaison prin-
> tanière, illumine la forêt qui semble s'éveiller !
> La fraicheur exquise de la feuillée ressort encore
> davantage par l'opposition de quelques vigoureux
> troncs d'arbres. (Vers 1870).

> Toile. Haut., 65 cent.; larg., 44 cent.

COLLA

8 — *Le Ruisseau.*

> Toile. Haut., 28 cent.; larg., 46 cent.

9 — *Paysage.*

> Toile. Haut., 22 cent.; larg., 36 cent.

10 — *Paysage d'Automne.*

> Toile. Haut., 52 cent.; larg., 36 cent.

COURBET (Gustave)

11 — *La Source sous bois.*

> Du fond mystérieux d'une forêt ombreuse, une
> source sort d'un bloc de rocher couvert de
> mousse. La coloration de cette œuvre du maitre
> d'Ornans est très belle, et l'exécution en est très
> puissante. (Vers 1865).
>
> Vente REY.

> Toile. Haut., 48 cent.; larg., 57 cent.

COUTURE (Thomas)

12 — *Femme Romaine.*

> Très belle tête d'étude de ce maitre consciencieux.

> Toile. Haut., 54 cent.; larg., 45 cent.

DAUBIGNY (CHARLES)

Attribué à

13 — *La Prairie.*

Toile. Haut., 19 cent.; larg.. 31 cent

DEFAUX (A.)

14 — *Basse-Cour.*

Une cour de ferme où s'ébattent poules et poulets ;
au fond la campagne. Joli tableau de ce maitre.

Toile. Haut., 31 cent.; larg., 51 cent.

DELACROIX (EUGÈNE)

Attribué à

15 — *Andromède sur le rocher.*

Toile. Haut., 44 cent.; larg., 35 cent·

DIAZ (NARCISSE)

16 — *Le Vallon.*

Etude de la première manière du maitre. (Cachet
de la vente Diaz).

Bois. Haut., 18 cent.; larg., 27 cent.

17 — *Forêt de Fontainebleau.*

Signé Diaz (?)...

Bois. Haut., 32 cent ; larg , 40 cent.

GABRIEL (JUSTIN)

18 — *Les Rochers des Trois-Frères à La Méde.*

Bois. Haut., 20 cent.; larg., 44 cent.

19 — *Vache au pâturage.*

Toile. Haut., 33 cent.; larg., 24 cent.

GARIBALDI (JOSEPH)

20 — *Bords du Lac de Genève.*

Toile. Haut., 51 cent.; larg., 74 cent.

GRÉSY (PROSPER)

21 — *Le Lavoir.*

Bois. Haut., 17 cent.; larg., 22 cent.

HEILBUTH

22 — *Graziella.*

Une jeune Italienne, presque une enfant, se repose
dans un taillis. Sa main froisse une branche d'ar-
buste, son œil est vague, sa pensée est ailleurs !
Belle toile de la première manière du maître.
Exécution légère et soignée.

Toile. Haut., 73 cent.; larg., 67 cent.

HUGUET (VICTOR)

23 — *Dans l'Oasis.*

Un chameau, débarrassé de ses fardeaux, broute
des jeunes pousses de palmiers. (Vers 1865).

Toile. Haut., 75 cent.; larg., 50 cent.

JACQUES (CHARLES)

24 — *Le Poulailler.*

Bois. Haut., 17 cent.; larg., 26 cent.

LOUBON (ÉMILE)

25 — *Rêverie.*

Bois. Haut., 19 cent.; larg., 11 cent.

MARTIN-KAVEL

26 — *Armes et Armures orientales.*

Toile. Haut., 60 cent.; larg., 70 cent.

MONGINOT (DE)

27 — *La Surprise du Singe.*

Au milieu de pivoines et de fleurs diverses, un singe se mire dans un plat d'argent.

Toile. Haut., 80 cent.; larg., 1 mètre.

28 — *Nature morte.*

Pêches, prunes et melons sur une table.

Pendant du précédent.

Toile. Haut., 80 cent.; larg., 1 mètre.

MOUTTE (ALPHONSE)

29 — *A Notre-Dame de la Garde.*

Une jeune religieuse, entièrement vêtue de blanc, revient toute recueillie de communier. Au second plan, les fidèles ; au fond, le prêtre terminant la messe.

Toile. Haut., 125 cent.; larg., 75 cent.

NARDI (FRANÇOIS)

30 — *La Rade de Toulon.*

Au premier plan, des barques ballottées par le clapotis des vagues. Au fond, l'escadre et les collines fermant la rade.

Toile. Haut., 33 cent.; larg., 70 cent.

PERRANDEAU (Ch.)

31 — *Plage à marée basse.*

Bois. Haut., 32 cent.; larg., 40 cent.

PETITJEAN

32 — *Un Port de Mer.*

Au premier plan une estacade et quelques barques.
Au fond les paquebots, les quais, les maisons.
Jolie toile d'une tonalité argentée.

Toile. Haut., 45 cent.; larg., 72 cent.

PONSON (Raphael)

33 — *Vue de Monaco.*

Toile. Haut., 80 cent.; larg., 125 cent.

RIBOT (Théodule)

34 — *La Cueillette des Pommes.*

Dans un verger, une jeune fille vient de faire une
ample cueillette de pommes, et se repose un
instant. — Toile très importante, qui a figuré à
l'Exposition posthume des œuvres du maître
(n° 84), organisée à l'école des Beaux-Arts de
Paris, en mai 1892.

Toile. Haut., 73 cent.; larg., 60 cent.

35 — *Vieille Paysanne picarde.*

Tête de paysanne coiffée de son bonnet blanc. —
Morceau de peinture d'une exécution libre et
magistrale.

Toile. Haut., 45 cent.; larg., 46 cent.

36 — *Le Pot-au-Feu.*

> Sur une table rustique, un gros morceau de viande
> et un chaudron en cuivre. Dans le fond, un pot
> de grès.
>
> Toile. Haut., 73 cent.; larg., 90 cent.

ROUSSEAU (Philippe)

37 — *Basse-Cour.*

> Bois. Haut., 19 cent.; larg., 27 cent.

ROUSSIN (F.)

38 — *Bords de Seine.*

> Toile. Haut., 21 cent.; larg., 16 cent.

ROYBET (Ferdinand)

39 — *Un Duo.*

> Un jeune musicien, en costume du seizième siècle,
> étendu sur l'herbe, indique la mesure à une jeune
> chanteuse, vêtue d'une magnifique robe de bro-
> cart, assise sur un tertre à côté de lui, et qui
> chante en s'accompagnant de la mandoline.
>
> Importante toile de ce maître, où l'éclat du coloris
> rivalise avec la correction de la facture et du
> dessin. La figure du musicien n'est autre que le
> portrait du peintre Vollon.
> Salon de 1867. N° 1.327.
>
> Toile. Haut., 130 cent.; larg., 185 cent.

40 — *La Récureuse.*

> Une cuisinière astique des étains et des cuivres.
> Toile de la première manière du maître. (Vers
> 1868).
>
> Toile. Haut., 34 cent.; larg.: 26 cent.

11 — *La Missive.*

> Une jeune et élégante femme, en costume vénitien, interromp ses études musicales pour lire une lettre. La facture de cette œuvre est magistrale et le coloris riche de tonalités. (Vers 1880).
>
> Bois. Haut., 78 cent.; larg., 63 cent.

C. R.

12 — *Nature morte.*

> Toile. Haut., 34 cent.; larg., 44 cent.

TROYON (Constant)

13 — *Les Fours à Chaux.*

> Dans une gorge des Pyrénées, sillonnée par un torrent, on aperçoit, au second plan, une route mouvementée.
>
> Toile. Haut., 46 cent.; larg., 64 cent.

14 — *Vaches à l'abreuvoir.*

> Esquisse.
>
> Bois. Haut., 40 cent.; larg., 53 cent.

VERNIER (Camille)

15 — *Les Pêcheurs d'Equilles à Grandeville.*

> Sur une plage à marée basse, de nombreuses femmes fouillent les flaques d'eau. Ciel clair et délicatement traité.
>
> Bois. Haut., 24 cent.; larg., 39 cent.

VOLLON (Alexis)

16 — *Parisienne.*

> Toile. Haut., 40 cent.; larg., 31 cent.

ANT. VOLLON

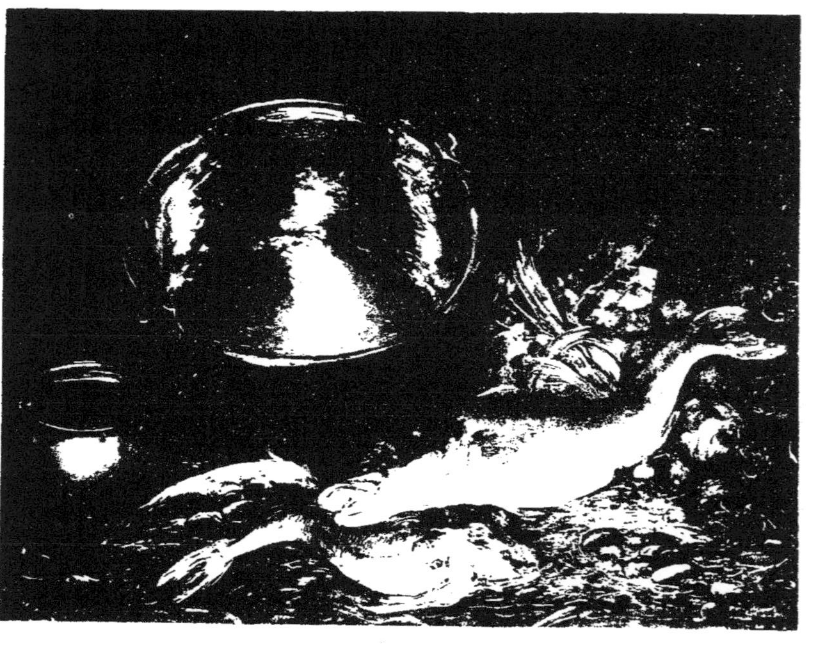

N° 17 — UN COIN DE HALLE

VOLLON (Antoine)

47 — *Un Coin de Halle.*

Des poissons, des moules, des légumes. Au second
plan, un rutilant chaudron et un petit pot d'étain.
Merveilleuse toile pleine de fougue et de sobriété à
la fois ; d'une harmonie et d'une coloration inten-
ses. Un des chefs-d'œuvre d'Ant. Vollon, — ce
Chardin du dix-neuvième siècle, — dont nous
emprunterons la description enthousiaste à un
des maîtres les plus éminents de la critique de
l'époque :

« Dans le *Coin de halle*, ce semble, il y a plus de
véritable maîtrise. Quels poissons ! Voyez cela
de près, examinez ce faire. Regardez comme la
pâte est simple et combien est juste le coup de
brosse qui, d'une seule trainée, donne à la fois
le ton et le mouvement à la surface. C'est le
poisson même, tel qu'il vient de sortir tout à
l'heure de la profonde mer ; il agonise, couché
sur un lit humide de varech et de coquilles bri-
sées, tandis que son enveloppe transparente
laisse voir les zébrures de son dos noir et la
nacre laiteuse de son ventre. Les connaisseurs
se pâment d'admiration devant cette largeur et
cette simplicité de métier. Ils ont raison : il n'y
a rien de plus séduisant, dans l'art du peintre,
que le don et la science de la couleur. » (Casta-
gnary).

Salon de 1874, N° 1.816. Exposition Universelle de
1878, N° 841.

Toile. Haut., 94 cent.; larg., 116 cent.

48 — *Les Produits de la Chasse.*

On vient de déballer une corbeille de gibiers qui
contenait une pintade et de nombreux petits
oiseaux aux plumages variés. Daté de 1866.

Toile. Haut., 70 cent.; larg., 105 cent

49 — *La Cuisinière.*

Dans une cuisine parisienne, une jeune femme, en
caraco rouge, astique un chaudron. (Vers 1860).

Toile. Haut., 39 cent.; larg., 31 cent·

50 — *Les Fraises.*

Sur une table de cuisine, dans des feuilles de choux,
une provision de fraises. Au fond, une cruche
provençale vernissée de vert.

Toile. Haut., 52 cent.; larg., 64 cent.

51 — *Le Potiron.*

Une resplendissante courge entamée, entourée de
céleris et autres légumes; un grand plat en
faïence blanche, grossière. Dans le fond, un
gros chaudron en cuivre jaune.

Magnifique morceau de peinture, exécuté vers 1880.

Toile. Haut., 80 cent.; larg., 1 mètre.

52 — *La Desserte.*

Pot à eau et sa bassine en argent. Mandarines, rai-
sins et fraises dans un compotier en verre. Le
tout posé sur un tapis de velours vert.

Magnifique composition exécutée avec toute la
virtuosité et la puissance de coloris du maître.
(Vers 1875).

Toile. Haut., 59 cent.; larg., 72 cent.

53 — *Intérieur de l'église Saint-Eustache.*

Un coin du buffet d'orgue de cette église. Près d'un
bénitier, une femme assise, prie. Dans le fond,
une fenêtre avec des vitraux poussiéreux.

Bel spécimen de cette manière du maître. (Vers
1885).

Bois. Haut., 62 cent.; larg., 44 cent.

54 — *Pêches et* **Prunes.**

Buire en or. Pêches et prunes jetées sur une table
ou posées dans un saladier de faïence.
Très beau morceau de peinture d'une facture libre
et amusante. (Vers 1882).

Toile. Haut.. 48 cent.: larg., 60 cent.

ZIEM (FÉLIX)

55 — *Tempo di Buvo.*

A droite, des palais aux tons de briques. Au premier plan, une gondole; au fond, les lagunes. Le
ciel, couleur de plomb, annonce un orage. Ce
tableau est d'une sonorité de ton remarquable.

Bois. Haut., 40 cent.; larg., 60 cent.

56 — *Venise la nuit.*

Au premier plan, une gondole glisse sur l'eau
glauque de la lagune. Dans le fond, le palais des
doges, le campanile de Saint-Marc et les dômes
de Santa-Maria della Saluta. Dans le ciel, des
nuages blancs moutonneux voilent la lune à
demi. (Vers 1880).

Toile. Haut., 40 cent.; larg., 58 cent.

57 — *Digues en Hollande.*

Bois. Haut.. 38 cent.; larg., 60 cent.

TABLEAUX ANCIENS

BLAIN DE FONTENAY

58 — *Fleurs dans un vase de cuivre repoussé.*

Toile. Haut., 64 cent.; larg., 49 cent.

CARRACHE (Annibal)

59 — *La Sainte-Famille.*

Cadre bois sculpté.

Toile. Haut., 135 cent.; larg., 100 cent.

ÉCOLE FLAMANDE

60 — *Andromède délivrée.*

Toile. Haut., 130 cent.; larg., 175 cent.

61 — *L'Adoration des Mages.*

Bois. Haut., 89 cent.; larg., 120 cent.

ÉCOLE FRANÇAISE

62 — *La Femme adultère.*

Toile. Haut., 135 cent.; larg., 215 cent.

63 — *La Transfiguration.*

Toile. Haut., 63 cent.; larg., 43 cent.

ÉCOLE ITALIENNE

64 — *La Vierge et l'Enfant.*

Panneau à fond d'or et reliefs de l'École de Sienne (XIVᵉ siècle).

Bois. Haut., 45 cent.; larg., 47 cent.

65 — *Têtes de Saints.*

> Panneau à fond d'or de l'Ecole Florentine.
> (XIVᵉ siècle).
>> Bois. Haut., 27 cent.; larg., 16 cent.

66 — *Tête de Sainte.*

> Peinture à fond d'or. Ecole Ombrienne (XVᵉ siècle).
>> Toile. Haut., 59 cent.; larg., 44 cent.

67 — *Hérodiade.*

>> Toile. Haut., 75 cent.; larg., 95 cent.

68 — *Nature morte.*

> Sur une table de pierre, en plein air, sont amon-
> celés des fruits divers et des fleurs. Superbe pein-
> ture d'une grande richesse de coloris.
>> Vente BEN-SAMON.
>> Toile. Haut., 73 cent.; larg., 97 cent.

69 — *Nature morte.*

> Des instruments de musique, des vases et aiguières
> en orfèvrerie, des tapis et de riches étoffes sont
> posés pêle-mêle sur une table.
>> Toile. Haut., 90 cent.; larg., 130 cent.

70 — *L'Annonciation.*

>> Cuivre. Haut., 23 cent.; larg., 18 cent.

71 — *La Vierge et l'Enfant.*

>> Toile. Haut., 50 cent.; larg., 40 cent.

LOO (JEAN-BAPTISTE VAN)

72 — *Le Départ de Phœbus.*

> Cette toile ainsi que la suivante, destinées à former
> plafond, sont d'une très bonne facture.
>> Toile. Haut., 190 cent.; larg., 130 cent.

73 — *Le Sommeil d'Endymion.*

Toile. Haut., 190 cent.; larg., 130 cent.

MIGNARD (Pierre)

Attribué à

74 — *Portrait présumé de Mme de Maintenon.*
Ovale, cadre sculpté.

Toile. Haut., 72 cent.; larg., 55 cent.

MURILLO (École de)

75 — *L'Assomption.*

Toile. Haut., 125 cent.; larg., 95 cent.

VALENTIN (Le)

76 — *Jésus et la Samaritaine.*

Cadre sculpté.

Toile. Haut., 96 cent.; larg., 130 cent.

AQUARELLES, DESSINS
PASTELS

BIDA

77 — *Idylle.*

Dessin à la mine de plomb, relevé d'encre de Chine.

Haut., 18 cent.; larg.. 15 cent.

CABAT (L.)

78 — *Marécage sous bois.*

Aquarelle.

Haut., 26 cent.; larg.. 47 cent.

CABASSON (J.)

79 — *Les Lavandières.*

Aquarelle.

Haut., 30 cent.; larg., 20 cent.

CAMOIN (Paul)

80 — *Le Moulin à Vent.*

Aquarelle.

Haut., 62 cent.; larg.. 42 cent.

81 — *Enfants à la Campagne.*

Aquarelle.

Haut., 43 cent.; larg., 50 cent

82 — *Le Chemineau.*

    Aquarelle.

                Haut., 34 cent.; larg., 50 cent.

83 — *Intérieur de Ferme.*

    Aquarelle.

                Haut., 34 cent.; larg., 50 cent.

84 — *La Lessive.*

    Aquarelle.

                Haut., 59 cent.; larg., 44 cent

85 — *Paysage.*

    Aquarelle.

                Haut., 26 cent.; larg., 30 cent.

86 — *Paysage.*

    Aquarelle.

                Haut., 26 cent.; larg., 30 cent.

87 — *Paysage crépusculaire.*

    Aquarelle.

                Haut., 27 cent.; larg., 30 cent.

88 — *Les Petits Bergers.*

    Aquarelle.

                Haut., 13 cent.; larg., 18 cent.

CAMOIN (Victor)

89 — *Paysage des Basses-Alpes.*

    Aquarelle.

                Haut., 31 cent.; larg., 48 cent.

90 — *Le Pouilleux.*

Aquarelle.

Haut., 23 cent.; larg., 20 cent.

91 — *A la Fontaine.*

Aquarelle.

Haut., 23 cent.; larg., 20 cent.

92 — *Au Chenil.*

Sépia.

Haut., 8 cent.; larg., 10 cent.

93 — *Paysanne.*

Sépia.

Haut., 8 cent.; larg., 6 cent.

COLLA

94 — *Bord de rivière, soleil couchant.*

Fusain rehaussé de blanc.

Haut., 49 cent.; larg., 67 cent.

95 — *Bord de rivière.*

Fusain.

Haut., 49 cent.; larg., 67 cent.

DECAMPS (GABRIEL)

96 — *Dans les Landes.*

Fusain.

Haut., 16 cent.; larg., 26 cent.

DELACROIX (Eugène)

97 — *La Pêche miraculeuse.*

Dessin à la mine de plomb.

Haut., 23 cent.; larg., 17 cent

98 — *Scène antique.*

Croquis à l'encre de Chine.

Haut., 22 cent.; larg., 27 cent.

99 — *Tigre.*

Croquis à la sépia.

Haut., 13 cent.; larg., 19 cent.

GENSOLLEN (Victor)

100 — *Les Fromages.*

Pastel. Salon de 1897, N° 2.109.

Haut., 52 cent.; larg., 80 cent

GIRARD

101 — *Le Plan-d'Aups.*

Aquarelle.

Haut., 12 cent.; larg., 19 c

IMER

102 — *Paysage idyllique.*

Fusain.

Haut., 31 cent.; larg., 47 cen

LE POITEVIN (E.)

103 — *Ferme au bord de l'eau.*

Sépia.

Haut., 22 cent.; larg., 30 cent.

LOUBON (Émile)

104 — *Paysanne basque.*

Aquarelle.

Haut., 24 cent.; larg., 14 cent.

105 — *Animaux.*

Trois croquis à la mine de plomb.

Haut., 12 cent.; larg., 20 cent., chacun.

LUCY (A.)

106 — *Vue de Rivière.*

Encre de Chine.

Haut., 19 cent.; larg., 24 cent.

PILS (J.)

107 — *Soldat de la Garde Républicaine, 1850.*

Aquarelle.

Haut., 34 cent.; larg., 25 cent.

REGNAULT (Henri)

108 — *Environs de Cadix.*

Dessin à la mine de-plomb.   (Cachet de la vente).

Haut., 17 cent.; larg., 34 cent.

109 — *Faures (croquis)*.
(Cachet de la vente).

Haut., 21 cent.; larg., 27 cent

RAYNAUD (François)

110 — *Napolitaine*.

Dessin à la mine de plomb.

Haut., 16 cent.; larg., 24 cent.

TESSON (L.)

111 — *Café Turc*.

Aquarelle.

Haut., 17 cent.; larg., 15 cent

TROYON (Constant)

112 — *Vache au repos*.

Crayon noir.

Haut., 11 cent.; larg., 15 cent

MEUBLES ANCIENS

113 — BAHUT DU XVI° SIÈCLE, bois de noyer, en deux
corps. La partie supérieure est en retrait et
surmontée d'un fronton ; les pilastres sont ornés
de cariatides et de mascarons. Des bas-reliefs
symboliques sont sculptés sur les portes, frises
et tiroirs. (*Bonne conservation, fronton moderne*).

114 — PETIT BAHUT HENRI II, forme crédence, bois
de noyer. Le corps supérieur reposant sur des
colonnes est incrusté de marbres de couleur ;
les panneaux des portes sont ornés, au centre,
de médaillons ovales, en marbre , avec têtes
d'empereurs romains. *(Parties modernes.)*

115 — BAHUT LOUIS XIII, bois de noyer, en deux
corps. Cariatides, frises et mascarons.

116 — BAHUT LOUIS XIII, bois de noyer en deux
corps. Cariatides, frises et mascarons. *(Restans.)*

117 — PETIT BAHUT LOUIS XIII, bois de noyer, posé
sur une base à tiroirs et à balustres. Frise et
panneaux sculptés.

118 — PETIT BAHUT LOUIS XIII, bois de noyer
sculpté, posé sur une base à tiroirs et à balustres.

119 — BAHUT LOUIS XIII, en deux corps, à colonnes
torses.

120 — GRAND CABINET VÉNITIEN, plaqué de bois de palissandre et d'écaille, orné de moulures et de bronzes : il repose sur des colonnes torses. Le portique et les tiroirs sont décorés de sujets mythologiques peints sous verre. (*Très beau meuble du XVII° siècle, en bon état de conservation*).

121 — PETIT CABINET LOUIS XIII, à moulures guillochées. Très curieux petit meuble dont les portes, les tiroirs, sont ornés de bas-reliefs teintés, représentant des scènes avec personnages, en costume du temps.

122 — PETIT CABINET ITALIEN, en bois noir à tiroirs avec plaques d'ivoire gravé.

123 — TABLE HENRI II, bois de noyer sculpté, avec chimères formant cariatides ; style Ducerceau. (*Les cariatides seules sont anciennes*).

124 — TABLE HENRI II, à gaines et colonnettes, ornements de grecques et rosaces, bois sculpté. (*Réparations*).

125 — TABLE LOUIS XIII, en bois de noyer, à pieds tors et à croisillons. Dessus, tiroir et croisillons en marqueterie.

126 — TABLE LOUIS XIII, en bois de noyer, à pieds tors.

127 — TABLE LOUIS XIII, en bois de noyer, à pieds tors et à croisillons.

128 — TABLE LOUIS XIII, en bois de noyer noirci, à
pieds tors.

129 — TABLE LOUIS XIII, en bois de noyer, à balustres et à croisillons.

130 — TABLE LOUIS XIII, en bois de noyer, à balustres et à croisillons.

131 — COFFRE DE MARIAGE LOUIS XIII, recouvert de
cuir, garni de clous et d'ornements en cuivre.

132 — PETIT COFFRE, en bois de noyer, à base à
godrons, avec cariatides dans les angles.

133 — COFFRE LOUIS XIII, en bois de noyer, base et
frise sculptées.

134 — COFFRE ESPAGNOL, en bois de noyer sculpté.

135 — VITRINE LOUIS XIII, noyer sculpté, composée
avec des fragments.

136 — VITRINE APPLIQUE LOUIS XV, bois de noyer à
moulures.

137 — BELLE CONSOLE RÉGENCE, en fer forgé, peint
et doré. Un blason accoté d'aigles, au centre;
des rosaces et des acanthes sur les volutes la
décorent. Tablette et base, en marbre de brèche
violette.

138 — CONSOLE LOUIS XVI, en bois peint, gris vert.
Frise de feuillages, attributs, pieds cannelés.
Tablette en marbre gris.

139 — COMMODE PROVENÇALE, forme LOUIS XV,

cintrée, et bombée, en bois de noyer sculpté, à deux tiroirs. Les motifs de sculptures sont des guirlandes et des feuillages Louis XVI. Garniture bronze ; tablette en marbre gris.

140 — Commode Louis XV, à trois tiroirs. Marqueterie de bois de rose. Garniture bronze doré ; tablette en marbre gris.

141 — Petite Commode Louis XV, à trois tiroirs. Marqueterie de bois de palissandre ; tablette en marbre brocatelle jaune.

142 — Bureau Louis XV, à pente. Marqueterie de bois rose et palissandre avec bouquets.

143 — Bureau secrétaire Louis XVI. Marqueterie de bois de rose ; garniture de bronze.

144 — Table de nuit Louis XVI. Marqueterie.

145 — Deux grands fauteuils Henri II, recouverts de cuir de Cordoue.

146 — Fauteuil Henri II, recouvert de cuir de Cordoue.

147 — Caqueteuse Henri II, bois de noyer.

148 — Fauteuil Henri II, bois de noyer.

149 — Quatre chaises, dossier sculpté.

150 — Chaise Henri II, traverse sculptée, recouverte de brocatelle flammée.

151 — Canapé Louis XIII, à balustres (*moderne*).

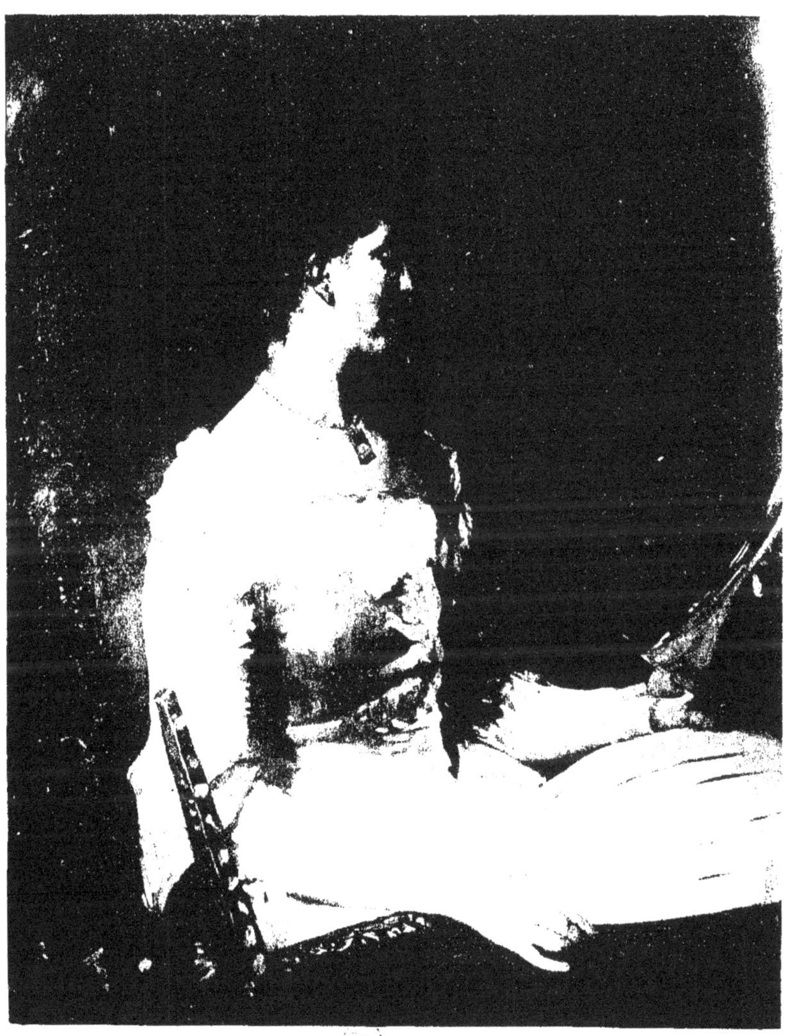

N° 11 — LA MISSIVE

152 — DEUX GRANDS FAUTEUILS, avec dossiers et traverses sculptés.

153 — FAUTEUIL LOUIS XIII, à balustres.

154 — DEUX FAUTEUILS LOUIS XIII, à balustres, recouverts de serge.

155 — QUATRE CHAISES LOUIS XIII, à balustres, dossiers pleins, recouvertes de serge.

156 — SIX CHAISES LOUIS XIII, à balustres, dossiers à balustres, recouvertes de serge.

157 — QUATRE CHAISES LOUIS XIII, à balustres, recouvertes de tapisseries au point.

158 — QUATRE CHAISES LOUIS XIII, à balustres, recouvertes de brocatelle bleue.

159 — DEUX CHAISES LOUIS XIII, à balustres, recouvertes de brocatelle jaune, rayée bleu.

160 — QUINZE CHAISES LOUIS XIII, à balustres, dossiers à balustres.

161 — NEUF CHAISES LOUIS XIII, à balustres, dossiers à traverses.

162 — QUATRE CHAISES LOUIS XIII, à balustres, dossiers à traverses.

163 — DEUX CHAISES LOUIS XIII, à balustres, traverses à croisillons.

164 — CHAISE LOUIS XIII, à balustres, dossier plein, recouverte de tapisserie au point.

165 — Chaise Louis XIII, à balustres, recouverte de tapisserie, dossier à moulures.

166 — Canapé Louis XIV. à moulures, recouvert de serge rayée.

167 — Canapé Louis XV, à moulures, bois peint.

168 — Six chaises Louis XV. à moulures. bois peint.

169 — Deux fauteuils Louis XV, bois sculpté et peint.

170 — Fauteuil Louis XV. bois sculpté, recouvert de damas jaune.

171 — Quatre chaises Louis XV, bois sculpté. recouvertes de damas jaune.

172 — Banquette Louis XVI. bois peint à moulures. recouverte de toile de Jouy.

173 — Cheminée Louis XIV. en bois de noyer sculpté.

174 — Panetière, en bois de noyer, de forme cintrée. avec sculptures.

175 — Pétrin, en bois de noyer, devant et traverses sculptés.

176 — Panetière, en bois de noyer. de forme cintrée. sculptures.

177 — Pétrin, en bois de noyer, sculptures.

178 — Deux boîtes a sel provençales . en noyer sculpté.

179 — DEUX BOITES A FARINE provençales, en noyer sculpté.

180 — VAISSELIER ÉTAGÈRE provençal, avec tiroirs, en bois de noyer.

181 — DEUX ROUETS, en bois de noyer.

182 — PRIE-DIEU LOUIS XIII, bois de noyer sculpté, à cariatides.

183 — CHAISE A PORTEURS LOUIS XV, décoration de fleurs et guirlandes. (*Restaurée*).

184 — LIT DE STYLE GOTHIQUE, en bois de noyer sculpté.

185 — COFFRET DE STYLE GOTHIQUE, en bois de noyer sculpté.

186 — PETIT COFFRET, en marqueterie de fleurs, oiseaux et rinceaux.

187 — DEVANT DE COFFRE RENAISSANCE, en bois de noyer sculpté : cariatides et cartouches avec sujets.

188 — DEVANT DE COFFRE RENAISSANCE, en bois de noyer sculpté ; cartouches et mascarons.

189 — PANNEAU DE LIT BRETON, en bois de chêne sculpté, avec rosaces et arabesques. daté 1659.

190 — DEUX FRONTONS, en bois de noyer sculpté.

191 — CARTOUCHE AVEC BLASON, en bois de noyer sculpté.

192 — Trois Panneaux, bois de chêne, sculptés de bustes : xvᵉ siècle.

193 — Trois Panneaux, en bois de chêne, sculptés de bustes ; xvᵉ siècle.

194 — Deux Panneaux, en bois de noyer, sculptés de mascarons et ornements.

195 — Deux Soufflets anciens.

196 — Colonne Support, en marbre de couleur.

197 — Glace Louis XIII, bois sculpté et doré : fronton à amours, pendentifs.

198 — Glace Louis XIII, bois sculpté et doré : fronton ajouré de rinceaux, avec pendentifs (*Vieille dorure*).

199 — Glace Louis XIII, bois sculpté et doré, avec fronton, ajouré à amours.

200 — Glace Louis XIII, bois sculpté et doré, avec fronton, ajouré à amours.

201 — Glace Louis XIII, bois sculpté et doré ; cadre à pente en dehors.

202 — Glace Louis XIII, bois sculpté, peint en noir et doré : cadre italien ajouré. (*Restauration*).

203 — Petite Glace Louis XIII, en noyer, à moulures guillochées, avec application d'ornements en fer repoussé.

204 — Glace de Venise, cadre verre.

205 — GLACE LOUIS XIV, bois sculpté et doré;
cadre Berain, avec fronton.

206 — GLACE LOUIS XIV, bois sculpté et doré;
cadre Berain, avec fronton.

207 — GLACE LOUIS XIV, bois sculpté et doré, avec
fronton ajouré.

208 — GRANDE GLACE, de style Louis XV, bois
sculpté et doré, avec rocailles, amours, chimères et fleurs.

209 — GLACE LOUIS XV, bois sculpté et doré;
ornements rocailles.

210 — GLACE LOUIS XV, bois sculpté et peint en
vert; cadre formé de baguettes Berain, avec
glaces; fronton à rocailles et fleurs.

211 — GLACE LOUIS XV, bois sculpté et peint en
vert; glaces dans l'encadrement; rocailles et
feuilles de vigne.

212 — GLACE LOUIS XVI, bois sculpté à entrelacs,
peint rouge et noir.

213 — CADRE DE CHRIST LOUIS XV, bois sculpté
doré; Christ en buis.

214 — PETIT LUSTRE en bois sculpté et doré, à trois
lumières.

215 — PENDULE D'APPLIQUE LOUIS XIV et son cul-
de-lampe, en bois des îles. Garniture de bronzes
ciselés et dorés. Cadran de Gaultier à Paris.

216   PENDULE D'APPLIQUE RÉGENCE, et son cul-de-
lampe, en marqueterie de Boule, écaille et cuivre, ornés de beaux bronzes ciselés et dorés.
Au sommet un amour lançant des foudres. (*Belle
pièce*).

217 — PENDULE D'APPLIQUE LOUIS XV et son cul-
de-lampe. Bois sculpté doré, fond vert foncé.

218 — PENDULE LOUIS XVI, en marbre. Le cadran
repose sur un piédestal ajouré garni d'une grec-
que en bronze doré, il est surmonté d'une
urne, avec ornements en bronze doré. A droite
et à gauche du cadran se trouvent deux déli-
cieuses statuettes en albâtre : l'Hiver et l'Automne, dans le goût de Falconet. La base est
formée d'une tablette en marbre blanc, à avan-
cement, garnie d'une moulure de raies de cœur,
en bronze doré. (*Très joli modèle*).

219 — PENDULE LOUIS XVI, en marbre blanc. Le
cadran, en bronze et émail, est supporté par
des colonnes en marbre et bronze doré.

220 — PENDULE LOUIS XVI, forme demi-lune. Le
cadran, entouré d'une couronne de lauriers, surmonté d'une urne, repose sur une terrasse sup-
portée par des colonnettes. Marbres blanc et
gris. Ornements bronze.

221 — PETITE PENDULE LOUIS XVI, en bronze doré.
Le cadran, entouré de guirlandes, repose sur des
colonnettes.

222 — PENDULE MODERNE, bronze doré. Amours bachiques. Deux candélabres assortis.

223 — PORTE-MONTRE LOUIS XV, en bronze, représentant le Temps soutenant un cartouche.

224 — DEUX MOUVEMENTS D'HORLOGES, cadran cuivre émaillé.

BRONZES D'AMEUBLEMENT

225 — LANDIERS, fer forgé et cuivre.

226 — CHENETS LOUIS XIII, en bronze, urnes ornées de rinceaux, bases à guirlande de fleurs.

227 — CHENETS LOUIS XV, bronze rocaille.

228 — CHENETS LOUIS XV, bronze rocaille.

229 — LUSTRE LOUIS XIII, en cuivre poli.

230 — LUSTRE HOLLANDAIS, en cuivre poli, à six lumières.

231 — LUSTRE HOLLANDAIS, en cuivre poli, à douze lumières.

232 — PETIT LUSTRE, cuivre poli, à douze lumières.

233 — TROIS LUSTRES HOLLANDAIS, en cuivre poli, à douze lumières.

234 — LUSTRE EN CUIVRE et verroteries de Venise.

235 — LUSTRE EN FER doré et verroteries de Venise.

236 — DEUX APPLIQUES LOUIS XIV, en cuivre, avec mascarons, à une lumière.

237 — QUATRE APPLIQUES LOUIS XIV, à une lumière.

237 *bis* SIX APPLIQUES STYLE LOUIS XIV, id. id.

238 — DEUX APPLIQUES, à deux lumières, fer découpé et martelé : fleurs peintes.

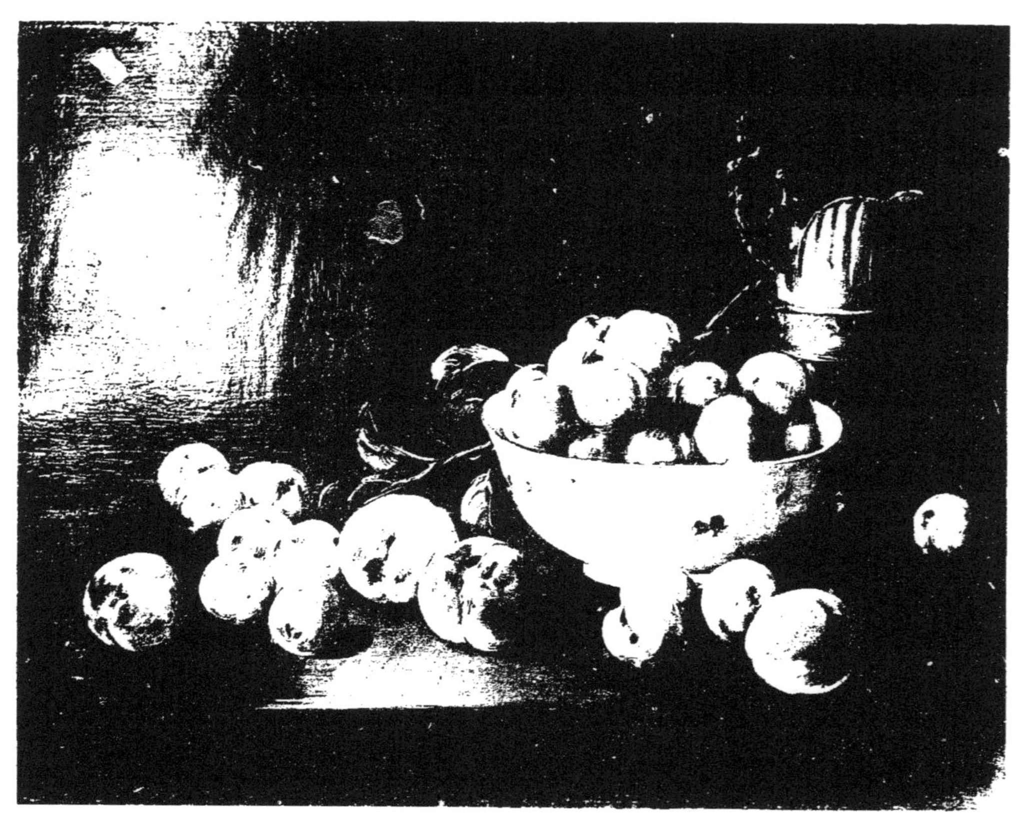

N° 51 — PÊCHES ET PRUNES

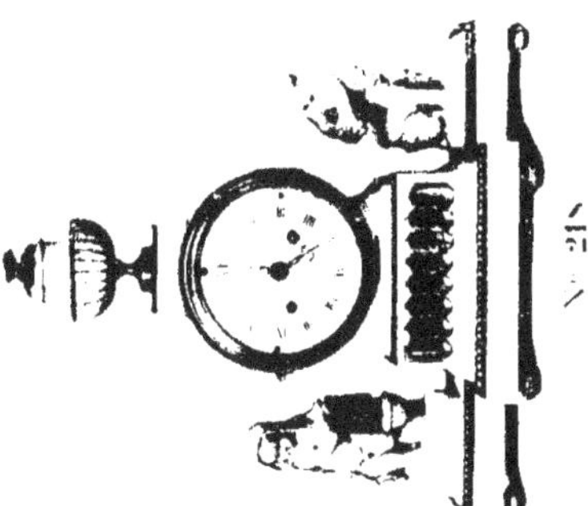

N° 215

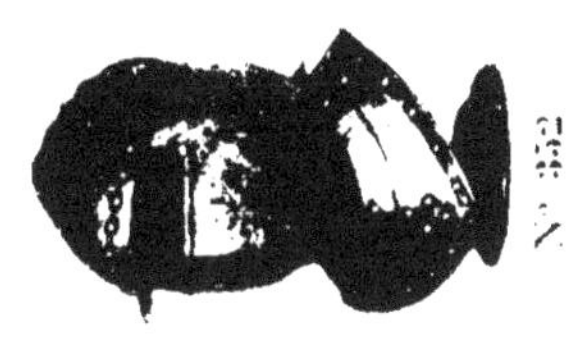

N° 352

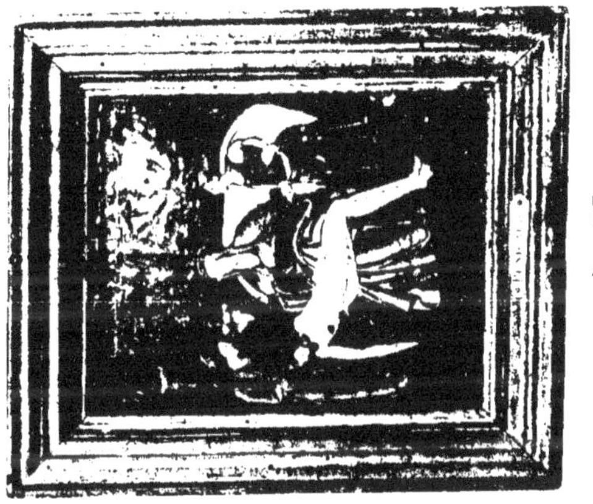

N° 267

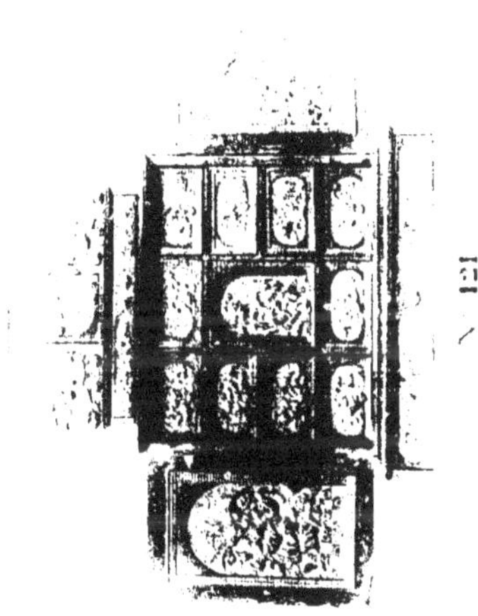

N° 121

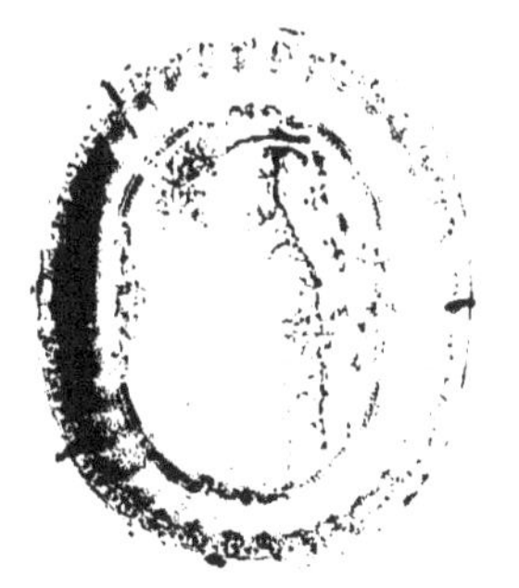

N° 101

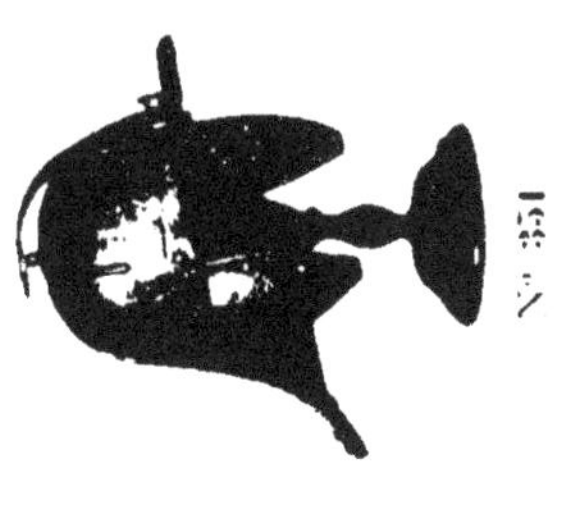

N° 351

239 — Deux Appliques, à deux lumières, fer découpé et martelé; feuillages.

240 — Deux Appliques Louis XV, à deux lumières, bronze doré.

241 — Deux Appliques Louis XV, à deux lumières, avec amours.

242 — Deux Appliques Louis XV, à deux lumières.

243 — Deux Appliques style Louis XV, à trois lumières.

244 — Six Appliques Louis XV, à une lumière.

245 — Deux Appliques Louis XVI, à deux lumières, bronze doré; forme carquois, à perles et pomme de pin.

246 — Deux Appliques Louis XVI, à trois lumières.

247 — Deux Appliques Louis XVI, à deux lumières.

248 — Deux Flambeaux Louis XIV, à gaine.

249 — Deux Flambeaux Louis XIV, gravés.

250 — Deux Flambeaux Louis XIV, gravés, avec girandoles à deux lumières.

251 — Deux Flambeaux Louis XIV, cannelés en spirale.

252 — Six Flambeaux Louis XVI.

253 — Sept Lampes d'église, cuivre repoussé.

254 — Deux Lampes italiennes, sur pieds.

255 — Trois Lampes juives, suspensions.

256 — Lampe Juive, applique ; cuivre repoussé, gravé.

257 — Lanterne Algérienne, suspension : cuivre ajouré ciselé.

258 — Cinq Calens ou lampes, fer et cuivre.

259 — Dessous de Suspension, cuivre repoussé.

260 — Bassinoire Louis XIV, en cuivre jaune, ornée d'un médaillon entouré de rinceaux, exécuté au repoussé.

261 — Bassinoire, en cuivre jaune, décorée d'ornements repoussés et gravés, manche cuivre.

262 — Petite Bassinoire d'enfant, en cuivre rouge repoussé.

263 — Chauffe-Mains, en cuivre jaune repoussé.

264 — Réchaud Louis XIII, en cuivre rouge.

265 — Fontaine Porte et son bassin, en cuivre rouge, avec ornements repoussés.

266 — Aiguière Louis XIV et son bassin, avec deux boîtes à savon. Cuivre argenté. Armoiries sur chaque pièce.

ÉMAUX, BRONZES, FERS,
BIBELOTS DIVERS
INSTRUMENTS DE MUSIQUE

267 — PIETA. Émail de Pénicaud, polychrome sur paillon, rehaussé de dorure. La Vierge, entourée de sainte Madeleine, saint Jean et Nicodème, assise au pied de la croix soutient le Christ sur ses genoux. (*Dégradations*). Haut. 23 cent.; larg., 18 cent.

268 — LA FUITE EN ÉGYPTE. Émail polychrome du XVIIe siècle.

269 — CLAUDE ET NÉRON. Deux médaillons ovales en émail ; XVIe siècle.

270 — PORTRAIT DE DAME. Émail en grisaille.

271 — COUPE en vieil émail cloisonné du Japon. (*Très détériorée*).

272 — ADORATION DES BERGERS. Bas-relief en argent repoussé et ciselé ; XVIe siècle.

273 — RELIQUAIRE, forme ostensoir, argent repoussé, avec cabochons ; XVIIe siècle.

274 — CHRIST en argent repoussé.

275 — CROIX PROCESSIONNELLE, de style gothique, en bronze; Christ polychromé.

276 — Diptyque en bois, renfermant, en dix-huit compartiments, des plaques d'argent fondu et ciselé, représentant des scènes de la vie du Christ et de la Vierge.

277 — Couronnement de la Vierge. Bas-relief en cuivre repoussé ; xvie siècle.

278 — Apparition de la Vierge a Saint-Ambroise. Bas-relief, en cuivre doré ciselé.

279 — Porte de Tabernacle. Le Christ, en relief, cuivre repoussé et doré, xvie siècle.

280 — Minerve. Petit buste en bronze ciselé patiné. Ateliers florentins du xvie siècle.

281 — Blanche de Castille. Petite statuette en bronze du xvie siècle.

282 — Mortier en bronze, avec médaillons et cariatides ; xvie siècle.

283 — Deux Mortiers en bronze ; xvie siècle.

284 — Amour. Statuette en bronze, sur socle bois.

285 — Plat a la Tempérance, bronze d'après Briot.

286 — Aiguière et son Bassin, d'après Cellini. (Galvanoplastie).

287 — Petite Colonne Vendome, bronze.

288 — Deux Plats, en cuivre repoussé ; xvie siècle.

289 — Deux Plats, en cuivre estampé.

290 — Deux Petits Plats, en cuivre estampé.

291 — Vierge des Douleurs. Bas-relief, albâtre doré, cadre ancien ; xvie siècle.

292 — Sainte-Madeleine. Bas-relief, albâtre doré, cadre ancien ; xvie siècle.

293 — Vierge Glorieuse. Bas-relief, albâtre doré, cadre ancien ; xvie siècle.

294 — Le Bon Pasteur. Statuette, ivoire sculpté, avec socle ; xviie siècle.

295 — Poignée de Canne, ivoire sculpté.

296 — Petite Défense, ivoire indien sculpté.

297 — Rape à tabac, bois marqueté.

298 — Coffret en Cuir ciselé, avec armature de fer ; xvie siècle.

299 — Coffret en Fer gravé ; xvie siècle.

300 — Gaine de Trousse en fer repoussé, à personnages ; xvie siècle.

301 — Écusson d'Armoirie, fer repoussé.

302 — Trois Plaques, fer repoussé et gravé.

303 — Sceau en fer niellé d'argent.

304 — Deux Heurtoirs, fer forgé et ciselé.

305 — Sept Serrures diverses, ornées et gravées.

306 — Cadenas Gothique avec sa clé.

307 — Cinq Clés Gothiques.

308 — Dix-Sept Clés diverses.

309 — Deux Clés à Dauphins.

310 — Douze Cache-Entrée, fer découpé et gravé.

311 — Dix Cache-Entrée, fer découpé.

312 — Cinq Poignées, avec plaques découpées.

313 — Vingt Targettes, avec plaques découpées.

314 — Crécelle, fer forgé et découpé.

315 — Deux Trépieds, fer forgé.

316 — Dévidoir, fer forgé.

317 — Deux Petites Balances romaines.

318 — Mandoline Napolitaine, forme côtelée, à incrustations d'ivoire, d'écaille et de nacre : signée : *Donatus Filano. 1779*.

319 — Mandoline Napolitaine, forme côtelée, à incrustations d'ivoire, d'écaille et de nacre.

320 — Vielle, avec manche orné d'un mascaron.

321 — Tambourin Provençal. Sur une des peaux se trouve peint une gerbe de fleurs.

322 — Ange Lampadaire, bois sculpté doré, sur socle.

323 — Saint Jérôme, bois sculpté peint et doré.

323 bis — Sainte Élisabeth, bois sculpté.

324 — Vierge et l'Enfant, bois sculpté.

325 — Baigneuse, terre cuite, par *B. de la Vingtrie*.

326 — Idole Mexicaine, terre cuite et verroterie.

BRONZES MODERNES

CAIN

327 — Deux Vases, forme cratère antique.

328 — Poule et Poussins.

329 — Faisans.

330 — Coq chantant.

331 — Lapins.

FREMIET

332 — Chat faisant sa toilette.

MÈNE

333 — Lièvre accroché.

334 — Lièvre accroché.

335 — Faisan accroché.

336 — Jument et Poulain.

337 — Cerf.

338 — Biche.

339 — Canards.

340 — Coq d'Inde.

341 — Chevreau.

342 — Épagneul.

343 — Sarcelle Morte.

344 — Canard Sauvage.

ARMURES ET ARMES

345 — Armure complète gravée (moderne).

346 — Armure japonaise complète.

347 — Quatre Dossières de cuirasse.

348 — Deux Épaulières.

349 — Une Jambière.

350 — Deux Gantelets.

351 — Deux Bourguignottes à nasal, oreillères et pare-nuque.

352 — Armet, avec timbre côtelé, à visière et gorgerin.

353 — Morion allemand, à fleurs de lys en relief.

354 — Quatre Morions gravés.

355 — Cabasset, ornements gravés.

356 — Casque de Rempart.

357 — Casque de Parade.

358 — Chapeau Empire.

359 — Arbalète, avec incrustations d'ivoire. Allemagne : XVIᵉ siècle.

360 — Deux Arbalètes a Galets, XVIᵉ siècle.

361 — Arquebuse a Rouet, à platine gravée. Gardes et ornements en cuivre ciselé et gravé.

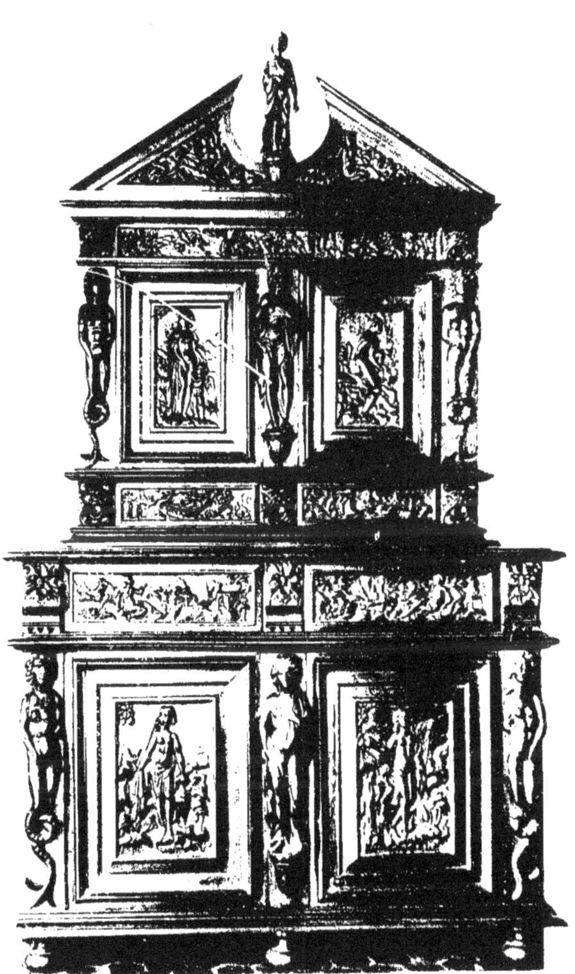

Nº 143

362 — Quatre Platines d'arquebuse à rouet, avec gravures.

363 — Deux Boîtes a Feu, en bronze ; fleurs de lys en relief.

364 — Petit Modèle de Canon, avec affût.

365 — Deux Pistolets à silex, à deux coups, en fer gravé.

366 — Pistolet d'Arçon Louis XV, belle platine et autres ornements ciselés.

367 — Trois Pistolets d'Arçon.

368 — Deux Pistolets Louis XV.

369 — Cinq Pistolets divers.

370 — Deux Pistolets Eprouvettes.

371 — Quatre Poires a Poudre, en corne et fer.

372 — Deux Eperons, fer forgé à facettes.

373 — Sept Eperons, fer forgé.

374 — Deux Etriers, fer forgé, ajouré ; xvi° siècle.

375 — Sept Etriers, divers.

376 — Quatre Mors, fer ou bronze.

377 — Deux Pertuisanes avec armoiries.

378 — Six Hallebardes, formes diverses.

379 — Sept Piques, formes diverses.

380 — Epée a Deux Mains.

381 — Deux Rapières à quillons et à corbeille.

382 — Trois Rapières à quillons, gardes en coquilles.

383 — Deux Rapières à quillons et à pas-d'âne.

384 — Huit Epées ou rapières diverses.

385 — Epée a Quillons, garde à pas-d'âne.

386 — Deux Mains-Gauche.

387 — Epée Louis XIV. Poignée en bronze ciselé: sujets sur la coquille, la garde et le pommeau.

388 — Deux Epées Louis XIV. Poignées en fer ciselé et repercé à jour.

389 — Epée Louis XV. Poignée en fer gravé, ciselé et niellé d'or, avec médaillons, ciselés et dorés, sur le pommeau et la coquille.

390 — Epée d'Enfant Louis XV. Poignée en fer, niellé d'argent, avec sujets et ornements.

391 — Cinq Epées Louis XV. Poignées en fer ciselé et repercé à jours.

392 — Neuf Epées Louis XV et XVI. Poignées en bronze ciselé.

393 — Trois Epées Louis XVI. Poignées en fer ciselé et doré.

394 — Deux Epées Louis XVI. Poignées en bronze.

395 — Cinq Epées Empire. Poignées en bronze, avec casque au pommeau.

396 — DEUX ÉPÉES. Poignées en fer.

397 — GLAIVE DE CHEVALIER DE MALTE, avec fourreau. Poignée et ornements, en bronze ciselé et doré.

398 — DEUX ÉPÉES SECOND EMPIRE. Poignées nacre.

399 — UN COUTEAU DE CHASSE.

400 — SIX POIGNARDS OU COUTEAUX divers.

FAIENCES DE MOUSTIERS

401 — PLAT PROFOND A PAYSAGE, à bords côtelés et déversés ; au fond , dans un élégant entourage de rinceaux et de mascarons, se trouve un très fin paysage maritime, avec personnages et bateaux. Une riche bordure entoure le plat. Décoré en camaïeu bleu, teinté par endroits au manganèse. *(Légère félure)*.

402 — PLAT DE CHASSE, décor bleu. *Chasse au cerf*. d'après Tempesta. *(Restaurations)*.

403 — PLAT DE CHASSE, décor bleu relevé de jaune, bords dessin Rouen. *(Restaurations)*.

404 — FONTAINE COMPLÈTE, décor polychrome de médaillons et guirlandes de fleurs. Au centre de la fontaine , dans un élégant cartouche . le *Triomphe d'Amphitrite. (Restaurations)*.

405 — DEUX PORTE-FLEURS, décor polychrome à sujets mythologiques.

406 — ASSIETTE A MÉDAILLON , sujet mythologique et guirlandes. *(Restaurations)*.

407 — DEUX ASSIETTES, décor polychrome. Au centre un grotesque très fin, avec de riches ornements de rocailles sur le marly.

408 — DEUX ASSIETTES, décorées d'ornements polychromes.

409 — Deux Assiettes, décorées de grotesques polychromes.

410 — Six Assiettes, décor grotesques verts.

411 — Trois Assiettes, polychromes à fleurs.

412 — Petit Plat à lobes, décor bleu, Bérain.

413 — Plat Ovale, décor bleu genre Delft.

414 — Plat Rond, avec blason, décor jaune: riche bordure avec cartouches. *(Fêlé)*.

415 — Sept Plats Ovales, décor polychrome: bouquets de fleurs.

416 — Deux Plats Ronds, décor polychrome: bouquets de fleurs.

417 — Trois Plats Ovales, décor bleu; bouquets de fleurs.

418 — Deux Plats Ronds, décor bleu: bouquets de fleurs.

419 — Deux Plats Octogones, décor bleu: ornements.

420 — Trois Plats Ovales, bouquets de fleurs, camaïeu jaune.

421 — Fontaine, décor Rouen. *(Restaurations.)*

422 — Soupière Ovale, décor polychrome d'animaux. *(Restaurations)*.

423 — Pot a Eau et sa Cuvette, décor polychrome d'attributs.

424 — PLAT A BARBE, décor polychrome de fleurs.

425 — FLAMBEAU, décor polychrome de fleurs.

426 — HUILIER, camaïeu bleu.

427 — DEUX VASES sur piédouche, décor poly
chrome de fleurs. (*Fêlés*).

428 — DEUX CACHE-POTS, camaïeu bleu, décor
Berain. (*Modernes*).

429 — CRUCHE, camaïeu vert à grotesques.

FAIENCES DIVERSES

430 — PLAT ROND D'ALCORA, décor polychrome à grotesques.

431 — PLAT ROND, NEVERS, décor bleu ; châteaux, ornements en relief.

432 — PLAT OCTOGONE, ROUEN, décor polychrome à fleurs et treillis sur le marly.

433 — PLAT A GODRONS, Saint-Jean-du-Désert, décor bleu et manganèse ; sujet dans le fond *La Déclaration*.

434 — DEUX ASSIETTES, MONTPELLIER, décor polychrome de fleurs, sur fond jaune.

435 — RINÇOIR, STRASBOURG, fleurs polychromes.

436 — POT A EAU ET SA CUVETTE, décor de fleurs polychromes.

437 — LÉGUMIER ET PLATEAU, APT, fond jaspé, fleurs et ornements en relief jaune.

438 — BUSTE D'EMPEREUR ROMAIN, terre noire d'Avignon.

439 — RINÇOIR, MARSEILLE, fabrique de Fauchier ; décor de fleurs polychromes, anses à branches.

440 — Plat rond, Marseille, fabrique de Fauchier ;
décor de fleurs polychromes.

441 — Cache-Pot, Marseille, fabrique de Savy ;
oiseaux et ornements, anses en branchages.
(*Fêlure*).

442 — Deux Bouquetiers, Varages ; décor de
fleurs polychromes.

443 — Fontaine, Varages ; sujets et feuillages en
relief, décor polychrome.

444 — Deux Pots a Eau et Cuvettes, Varages ;
décor de fleurs polychromes.

445 — Pot Varages, décor de fleurs polychromes.

446 — Porte-Fleurs, Varages, décor de fleurs
polychromes.

447 — Cruche, Varages, décor de fleurs polychromes. (*Restaurations*).

448 — Trois Plats ovales, Varages, décor de fleurs
polychromes.

449 — Douze Assiettes, Varages, décor de fleurs
polychromes.

450 — Six Petites Potiches, Delft, décor bleu.

451 — Deux Plats ronds, Delft, décor bleu.

452 — Assiette, Delft, décor bleu.

453 — Trois Plats Hispano-Moresque, à reflets
métalliques.

154 — Deux Plats a sujets, reliefs; école de Palissy.

155 — Plaque en relief. La Fécondité; école de Palissy. *(Cadre ancien, en bois sculpté).*

156 — Vierge, statuette, faïence italienne.

157 — Deux Bas-Reliefs, faïence italienne; sujets religieux, décors polychromes.

158 — Bas-Relief, faïence italienne. La Vierge adorée par des saints; décor polychrome.

159 — Quatre Bénitiers, faïence italienne en relief, décor polychrome.

160 — Deux Grands Vases, à anses et mascarons; faïence de Savone, à sujets polychromes. *(Restaurations).*

161 — Deux Pots de Pharmacie, cylindriques; faïence d'Urbino, à sujets polychromes.

162 — Deux Plaques, faïence d'Urbino; décor polychrome de sujets mythologiques.

163 — Chauffe-Mains, faïence italienne à reliefs; décor polychrome.

164 — Quatre Plats a Personnages, faïence d'Urbino; décor polychrome.

165 — Trois Plats a Personnages, faïence de Savone; décor bleu.

166 — Sept Plats, faïence d'Urbino, modernes :
décor de sujets religieux et mythologiques.

167 — Quatre Assiettes, faïence de Milan : décor
polychrome de fleurs et fruits.

168 — Sous ce numéro, seront vendues diverses
pièces non cataloguées.

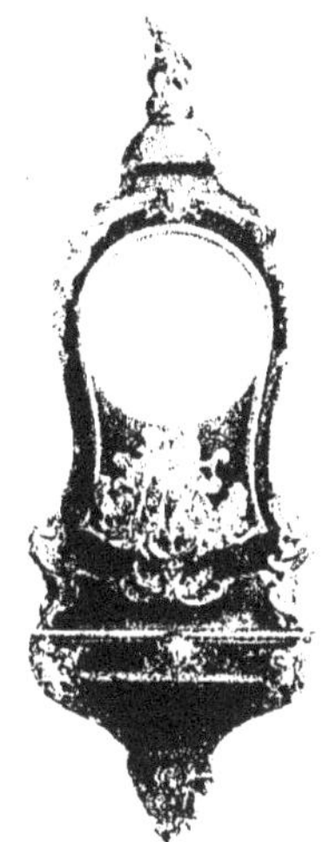

Nᵒ 216

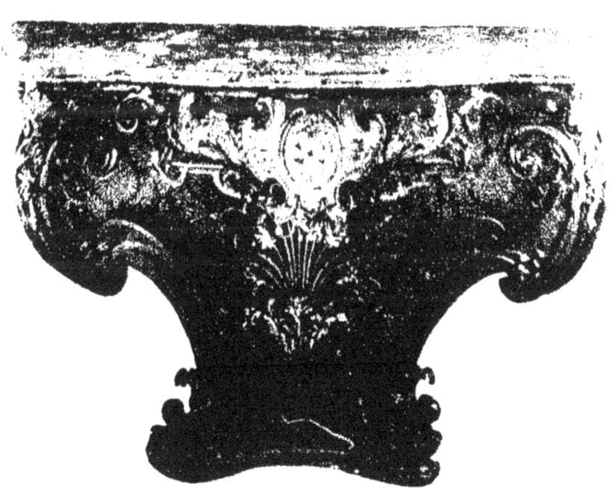

Nᵒ 137

PORCELAINES ORIENTALES

469 — Deux Soupières, porcelaine des Indes ; décor de fleurs polychrome.

170 — Coupe, porcelaine de Perse ; décor polychrome.

171 — Deux Potiches, porcelaine laquée du Japon.

472 — Plat, porcelaine du Japon ; décor bleu à fleurs.

473 — Sept Assiettes, porcelaine du Japon ; décor polychrome à fleurs.

174 — Deux Vases, porcelaine de Chine, fond craquelé, scènes guerrières.

475 — Deux Vases, porcelaine de Chine, fleurs et sujets.

176 — Quinze Assiettes à dessert, porcelaine de Chine.

177 — Deux Bols, avec assiettes, porcelaine de Chine.

478 — Grand Bol, sur pied, porcelaine de Chine.

479 — Service a Thé, porcelaine de Chine ; décor polychrome et doré, à compartiments de fleurs et oiseaux, composé de 6 tasses et soucoupes, 1 théière, 1 laitière, 1 beurrier, 1 sucrier.

180 — Service a Thé, porcelaine de Chine, décor polychrome et doré, à personnages et à fleurs, composé de 12 tasses et soucoupes, 1 théière, 1 beurrier, 1 sucrier, 1 laitière.

VERRERIES

181   TREIZE CRUCHES, verres de Venise, Espagne et Provence.

182   QUARANTE-QUATRE VERRES à boire. Venise et Provence.

183   DEUX COUPES sur pied, filigranées.

184   VASE à anses émaillées.

185   BROC, verre filigrané.

186   HANAP, verre de Venise.

187   CIBOIRE, verre de Venise à reliefs bleus. Très belle et fort curieuse pièce du XVI° siècle.

188   — FLACON, verre de Venise, forme allongée, reliefs bleus. Belle pièce.

189   DIX VERRES DE VENISE, forme tulipe, pieds ouvragés.

190   DEUX COUPES, verre de Venise, forme ovale, sur pied.

191   COUPE A ANSES sur pieds, Venise.

192   PETITE BOITE, avec émail bleu.

193   COUPE, verre de Venise, forme campanule.

194   VIDE-POCHES à anses.

195   — DEUX POUDRIERS à sucre.

496 — VASE, forme flacon, à anses bleues.

497 — VEILLEUSE, suspension, verre de Venise.

498 — QUENOUILLE, avec reliefs blancs.

499 — DEUX BOUTEILLES à ombilic, verre du Poitou.

500 — HUILIER, double, verre gravé.

501 — DEUX FLACONS LOUIS XVI, cristal taillé, à
sujets dorés.

502 — BOUTEILLE DE NARGHILÉ, verre taillé polychrome et doré.

503 — BÉNITIERS.

TAPISSERIES

ETOFFES DIVERSES, CUIR DE CORDOUE, TAPIS D'ORIENT

— SUITE DE SIX PANNEAUX en tapisserie d'Aubusson, sans bordures, en très bonne conservation, représentant des *Scènes de la Vie de Moïse*.

504 — MOÏSE SAUVÉ DES EAUX.

> Haut., 230 cent.; larg., 320 cent.

505 — MOÏSE IMPLORE LA PERMISSION DE QUITTER L'ÉGYPTE.

> Haut., 230 cent.; larg., 320 cent.

506 — MOÏSE FRAPPE LE ROCHER.

> Haut., 230 cent.; larg., 220 cent.

507 — LE BUISSON ARDENT.

> Haut., 200 cent.; larg., 125 cent.

508 — L'ADORATION DU VEAU D'OR.

> Haut., 230 cent.; larg., 200 cent.

509 — LA CONSÉCRATION D'AARON ET DE SES FILS.

> Haut., 230 cent.; larg., 150 cent.

510 — BELLE TAPISSERIE D'AUBUSSON, avec bordures, représentant : *Alexandre et Ephestion devant la tente de Darius*, d'après Lebrun. (*Conservation parfaite*).

> Haut., 315 cent.; larg., 435 cent.

511 — BELLE TAPISSERIE D'AUBUSSON, avec bordures, représentant : *Le Départ de Télémaque*. (*Bonne conservation*).

> Haut., 270 cent.; larg., 350 cent.

512 — TAPISSERIE D'AUBUSSON, sans bordures :
Scène de la Vie d'Ulysse (Réparations).

Haut., 225 cent. ; larg., 3 0 cent.

513 — TAPISSERIE DU XVI° SIÈCLE. Très intéressant
panneau représentant : Noé sortant de l'Arche
et rendant grâce à Dieu. Belles et larges bordures à personnages : la bordure du haut
manque. (Bonne conservation).

Haut., 225 cent. ; larg., 33 cent.

514 — TAPISSERIE A GRANDS PERSONNAGES, avec
bordures : Esther aux pieds d'Assuérus. La bordure du bas manque (Mauvais état).

Haut., 260 cent. ; larg., 375 cent.

515 — TAPISSERIE D'AUBUSSON, avec bordures : Le
Sacrifice d'Abraham. (Nombreuses réparations).

Haut., 2 0 cent. ; larg., 210 cent.

516 — TAPISSERIE D'AUBUSSON, bordures sur les
côtés seulement : Moïse sauvé des eaux. (Mauvais état).

Haut., 200 cent. ; larg., 2 0 cent.

517 — TAPISSERIE D'AUBUSSON. Belle verdure avec
ses bordures : Parc, avec château à l'horizon :
arbres, plantes fleuries, lac, avec deux flammants
au premier plan. (Conservation parfaite).

Haut., 280 cent. ; larg., 120 cent.

518 — TAPISSERIE D'AUBUSSON. Belle verdure avec
ses bordures : Arbres, plantes fleuries, cascade
et animaux. (Conservation parfaite).

Haut., 265 cent. ; larg., 125 cent.

519 — TAPISSERIE D'AUBUSSON. Belle verdure, avec ses bordures ; le panneau et très bien conservé, les bordures sont réajoutées à plusieurs endroits.

Haut., 275 cent. ; larg., 290 cent.

520 — TAPISSERIE D'AUBUSSON. Verdure avec ses bordures. (*Nombreuses réparations*).

Haut., 240 cent. ; larg., 320 cent.

521 — TAPISSERIE D'AUBUSSON. Belle verdure, sans ses bordures : Arbres, plantes fleuries, animaux et châteaux-forts à l'horizon (*Bonne conservation*).

Haut., 225 cent. ; larg., 300 cent.

522 — TAPISSERIE D'AUBUSSON. Verdure, avec bordure dans le haut seulement. (*Parfaite conservation*).

Haut., 240 cent. ; larg., 200 cent.

523 — TAPISSERIE D'AUBUSSON. Verdure avec ses bordures. (*Réparations*).

Haut., 225 cent. ; larg., 135 cent.

524 — TAPISSERIE D'AUBUSSON. Verdure avec ses bordures. (*Réparations*).

Haut., 280 cent. ; larg , 250 cent.

525 — TAPISSERIE D'AUBUSSON. Verdure et animaux, sans bordures. Fabrication grossière. (*Réparations*).

Haut., 230 cent.; larg., 310 cent.

526 — TAPISSERIE D'AUBUSSON. Partie de verdure, avec de nombreux ajoutages et réparations.

Haut., 135 cent.; larg., 150 cent.

527 — PORTIÈRE en toile bleue, avec un panneau
de tapisserie d'Aubusson au centre. Embrasse
assortie ; franges anciennes.

Dim. de la tapisserie : Haut., 280 cent. ; larg., 0,85 cent.

528 — PORTIÈRE en drap rouge, avec un panneau
de tapisserie d'Aubusson au centre. Embrasse
et lambrequin avec bandes de tapisserie ;
franges anciennes.

Dim. de la tapisserie : Haut., 300 cent. ; larg , 0,87 cent.

529) — PORTIÈRE en drap rouge ; avec, de chaque
côté, une bande de tapisserie ancienne en soie
au point croisé. Embrasse et lambrequin
assortis.

Dim. des bandes : Haut., 250 cent. ; larg., 0,78 cent.

530) — BORDURES DE TAPISSERIE formant un encadrement complet.

Mesures extérieures : Haut., 300 cent. ; larg., 265 cent.

531 — BORDURES DE TAPISSERIE D'AUBUSSON. Huit
mètres. (*Bonne conservation*).

532 — BORDURES DE TAPISSERIE D'AUBUSSON, avec
guirlandes de fleurs. Trois mètres.

533 — BORDURES DE TAPISSERIE, en mauvais état.
Trois mètres.

534 — MORCEAU DE BELLE BORDURE. Un mètre quarante.

535 — BELLES BORDURES DE TAPISSERIE, époque
de la Renaissance. Sept mètres cinquante. (*Mauvais état*).

536 — UN LOT DE BORDURES de tapisserie et morceaux divers.

537 — PANNEAU TOILE PEINTE, sujet Watteau.
Haut., 230 cent. ; larg., 200 cent.

538 — UN LOT DE TOILES PEINTES, très défraîchies.

539 — SEPT PANNEAUX EN CUIR DE CORDOUE, repoussé et doré, polychrome. Fleurs et ornements.
Haut., 75 cent. ; larg., 60 cent.

540 — DEUX PANNEAUX EN CUIR DE CORDOUE, repoussé et doré, polychrome. Sujets religieux.
Haut., 40 cent. ; larg., 20 cent.

541 PANNEAU EN CUIR DE CORDOUE, Adoration du Saint Sacrement.
Haut., 50 cent. ; larg., 40 cent.

542 — UN LOT CUIRS DE CORDOUE.

543 — DEUX PANNEAUX, TOILE DE GÊNES : décor d'arbres et oiseaux, encadrements de guirlandes.
Haut., 300 cent ; larg., 230 cent.

544 — PANNEAU, TOILE DE GÊNES ; décor d'arbres, animaux, oiseaux et châteaux ; encadrement de fleurs et oiseaux.
Haut., 250 cent. ; larg., 275 cent.

545 — QUATRE PANNEAUX, TOILE DE GÊNES.
Haut., 235 cent. ; larg., 270 cent.

546 — PANNEAU, TOILE DE GÊNES ; formant portière, avec franges anciennes.
Haut., 300 cent. ; larg., 200 cent.

547 — QUATRE PANNEAUX, TOILES DE GÊNES, de diverses grandeurs.

548 — QUARANTE MÈTRES CARRÉS de cretonne à grands ramages.

549 — VINGT-QUATRE MÈTRES CARRÉS de cretonne à petites fleurs.

550 — BROCART LOUIS XIV, à fleurs ; 5 morceaux.

551 — SOIE LOUIS XVI, fond blanc, ornements de fleurs ; 5 morceaux.

552 — SOIE LOUIS XVI, grenat, à médaillons et ornements brochés blanc : 2 bandes.

553 — GILET LOUIS XV, en soie grenat, brochée d'argent doré et de fleurs (très riche).

554 — GILET LOUIS XVI, en brocart d'argent, avec fleurettes : ornements et boutons pailletés.

555 — DEUX GILETS LOUIS XVI.

556 — FRAGMENTS DE CHAPE, XVe SIÈCLE, avec orfrois et saints ; arrangés en pente de cheminée.

557 — DEUX LAMBREQUINS, soie jaune, avec application de broderies et verroteries. Venise.

558 — TAPIS DE TABLE, broderie d'application du XVIe siècle.

559 — TAPIS DE TABLE, soie rouge, avec broderie d'application du XVIe siècle. Venise.

560 — TAPIS DE TABLE, soie rouge, avec broderies d'application du XVIᵉ siècle, Venise.

561 — TAPIS DE TABLE, LOUIS XVI, soie peinte à la main.

562 — TAPIS BRODÉ sur soie rouge, point de chainette à la main.

563 — TAPIS INDIEN, drap rapporté et brodé au point de chainette à la main.

564 — TAPIS INDIEN, drap rapporté et brodé au point de chainette à la main.

565 — TAPIS D'ORIENT, long., 300 cent.; larg., 150 cent.

566 — NEUF PETITS TAPIS D'ORIENT.

567 — DIVERSES ÉTOFFES, soies, toiles, etc.

NOTA. — Au commencement et à la fin de chaque vacations seront vendus divers objets non catalogués.